中华人民共和国行业标准

公路工程标准编写导则

Compilation Regulations for Highway Engineering Standards

JTG A04—2013

主编单位：交通运输部公路局
　　　　　中国工程建设标准化协会公路分会
批准部门：中华人民共和国交通运输部
实施日期：2013 年 05 月 01 日

人民交通出版社

图书在版编目（CIP）数据

公路工程标准编写导则：JTG A04—2013/交通运输部公路局，中国工程建设标准化协会公路分会主编. -- 北京：人民交通出版社，2013.4
 ISBN 978-7-114-10538-8

Ⅰ.①公… Ⅱ.①交… ②中… Ⅲ.①道路工程—标准—编写—中国 Ⅳ.①U41-65

中国版本图书馆CIP数据核字（2013）第069441号

标准类型：**中华人民共和国行业标准**
标准名称：**公路工程标准编写导则**
标准编号：JTG A04—2013
主编单位：交通运输部公路局
　　　　　中国工程建设标准化协会公路分会
责任编辑：吴有铭　李　农
出版发行：人民交通出版社
地　　址：（100011）北京市朝阳区安定门外外馆斜街3号
网　　址：http://www.ccpress.com.cn
销售电话：（010）59757973
总 经 销：人民交通出版社发行部
经　　销：各地新华书店
印　　刷：北京市密东印刷有限公司
开　　本：880×1230　1/16
印　　张：4
字　　数：105千
版　　次：2013年4月　第1版
印　　次：2014年2月　第2次印刷
书　　号：ISBN 978-7-114-10538-8
定　　价：20.00元
（有印刷、装订质量问题的图书，由本社负责调换）

中华人民共和国交通运输部

公 告

2013 年第 29 号

交通运输部关于发布《公路工程行业标准制修订管理导则》和《公路工程标准编写导则》的公告

现发布《公路工程行业标准制修订管理导则》(JTG A02—2013)、《公路工程标准编写导则》(JTG A04—2013),自 2013 年 5 月 1 日起施行,原《公路工程行业标准管理导则》(交公路发〔2001〕620 号)同时废止。

导则的管理权和解释权归交通运输部,日常解释和管理工作由交通运输部公路局负责。

请各有关单位在实践中注意总结经验,及时将发现的问题和修改意见函告交通运输部公路局(地址:北京市建国门内大街 11 号,邮政编码:100736),以便修订时参考。

特此公告。

中华人民共和国交通运输部
二〇一三年三月二十二日

交通运输部办公厅　　　　　　　　　　　　　　2013 年 3 月 27 日印发

前 言

根据交通运输部交公路发〔2008〕147号文《关于下达2008年度公路工程标准制修订项目计划的通知》的要求,由交通运输部公路局和中国工程建设标准化协会公路分会承担《公路工程标准编写导则》(JTG A04)(以下简称"本导则")的制定工作。

我国自1981年起正式建立公路工程行业标准体系以来,公路工程标准的编写与出版印刷系执行原建设部《工程建设标准编写规定》等的相关要求。为更好地体现公路工程标准自身行业特点,满足相关编写与出版需求,制定本导则。

本导则在全面总结公路工程标准编写经验基础上,围绕公路工程标准"规定什么"、"如何作出规定"以及"编写示例"三个方面,对公路工程标准的编写内容、要求和书写格式等作出规定,作为制修订公路工程标准时共同遵守的基础标准。

本导则包括7章和10个附录等内容。其中,前6章,即:1 总则、2 前引部分编写内容与要求、3 正文部分编写内容与要求、4 补充部分编写内容与要求、5 条文说明编写内容与要求、6 编写方法等,配合《公路工程行业标准制修订管理导则》(JTG A02—2013)着重规定了公路工程标准的编写内容、要求;第7章编写规则规定了公路工程标准的书写格式;附录A~附录J则是编写的格式、示例等,给出了公路工程标准相应的封面、扉页、公告及前言和各章、节、条文的示例文稿;附录K为资料性附录,给出了常用的法定计量单位;用词用语说明给出了执行严格程度用词和引用标准用语的相关规定。

本导则由李春风负责起草第1、2、3章,郭思涛负责起草第4、5、7章和附录,陈永耀负责起草第6章。

请各有关单位在执行过程中,将发现的问题和意见,函告本导则日常管理组,联系人:刘怡林(地址:北京市海淀区西土城路8号,中国工程建设标准化协会公路分会,邮编:100088;电话及传真:010-62079983;电子邮箱:shc@rioh.cn),以便修订时参考。

第一主编单位:交通运输部公路局
第二主编单位:中国工程建设标准化协会公路分会
主　　编:李春风
主要参编人员:郭思涛　陈永耀
主　　审:成　平
参与审查人员:刘新生　赵君黎　刘怡林
　　　　　　　　赵尚传　吴有铭　邓　涛

目　次

1 总则 … 1
2 前引部分编写内容与要求 … 3
3 正文部分编写内容与要求 … 5
　3.1 正文部分 … 5
　3.2 总则 … 5
　3.3 术语和符号 … 5
　3.4 技术规定 … 6
4 补充部分编写内容与要求 … 8
　4.1 补充部分 … 8
　4.2 附录 … 8
　4.3 用词用语说明 … 8
5 条文说明编写内容与要求 … 10
6 编写方法 … 12
　6.1 一般规定 … 12
　6.2 编制大纲阶段 … 13
　6.3 征求意见稿编制 … 14
　6.4 送审稿编制 … 15
　6.5 总校稿和报批稿编制 … 15
7 编写规则 … 17
　7.1 一般规定 … 17
　7.2 编排格式 … 17
　7.3 引用标准 … 19
　7.4 表 … 20
　7.5 图 … 21
　7.6 公式 … 21
　7.7 数值 … 22
　7.8 计量单位和符号 … 23
　7.9 汉字及标点符号 … 23
　7.10 注 … 24
附录A 公路工程行业强制性标准封面格式 … 26
附录B 公路工程行业推荐性标准封面格式 … 27

附录 C　扉页格式 …… 28
附录 D　公告格式 …… 29
附录 E　前言示例 …… 30
附录 F　条文说明封面格式 …… 32
附录 G　层次及编号格式 …… 33
附录 H　条文排列格式 …… 34
附录 J　标准中的字体字号 …… 35
附录 K　常用法定计量单位 …… 37
本导则用词用语说明 …… 40
附件　《公路工程标准编写导则》（JTG A04—2013）条文说明 …… 41
  1　总则 …… 43
  2　前引部分编写内容与要求 …… 44
  3　正文部分编写内容与要求 …… 46
  4　补充部分编写内容与要求 …… 48
  5　条文说明编写内容与要求 …… 49
  6　编写方法 …… 50
  7　编写规则 …… 51

1 总则

1.0.1 为加强公路工程行业标准编制工作的管理，统一公路工程行业标准编写要求，保证公路工程行业标准编写质量，有利于正确理解和运用公路工程行业标准，制定本导则。

1.0.2 本导则适用于公路工程行业强制性标准和公路工程行业推荐性标准的编写，不适用于公路工程行业产品类标准的编写。

1.0.3 公路工程行业标准的名称应符合下列规定：
1 标准的名称应准确反映主题，简练明确。
2 标准的名称宜由对象、用途和特征名三部分组成。
   如：《公路路基　施工技术　规范》
   　　　（对象）　　（用途）　（特征名）
3 标准的对象名已说明其用途时，标准的名称可由对象和特征名两部分组成。
4 标准的特征名应根据标准的性质和内容确定，包括"标准"、"规范"、"规程"、"导则"、"细则"等。
5 标准的名称应有对应的英文译名。

1.0.4 公路工程行业强制性标准的编号，应由行业标准代号、标准分类、标准序号、标准发布年号组成。公路工程行业推荐性标准的编号，应在行业标准代号后加"/T"表示。
如：公路工程行业强制性标准

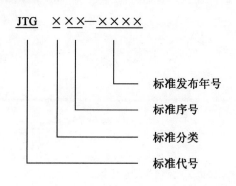

公路工程行业推荐性标准

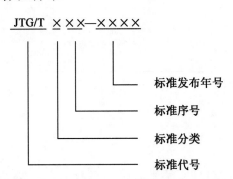

1.0.5 公路工程行业标准编写应做到格式规范，逻辑严谨，结构清晰，用词简明、准确。

1.0.6 公路工程行业标准应由前引部分、正文部分和补充部分构成。

1.0.7 编写公路工程行业标准的同时应编写条文说明。公路工程行业强制性标准的条文说明应作为附件排在用词用语说明之后；公路工程行业推荐性标准的条文说明宜紧随所解释之正文条文排列。

2 前引部分编写内容与要求

2.0.1 标准前引部分应包括封面、扉页、公告、前言和目次。

2.0.2 封面应包括下列内容:
 1 公路工程行业标准的标识:JTG;
 2 行业强制性标准标有"中华人民共和国行业标准"字样,行业推荐性标准标有"中华人民共和国行业推荐性标准"字样;
 3 标准编号:JTG(/T)×××—××××;行业强制性标准的标准代号为"JTG",行业推荐性标准的标准代号为"JTG/T";
 4 标准的中文名称和英文译名;
 5 标准的发布日期和实施日期;
 6 标准的发布部门。

2.0.3 公路工程行业强制性标准的封面应采用浅灰色特种纸,标准定量不应低于 $220g/m^2$。公路工程行业强制性标准的封面格式应按附录 A 执行。

2.0.4 公路工程行业推荐性标准的封面应采用白色特种纸,标准定量不应低于 $200g/m^2$。公路工程行业推荐性标准的封面格式应按附录 B 执行。

2.0.5 扉页的格式应按附录 C 执行。扉页应包括下列内容:
 1 "中华人民共和国行业标准"或"中华人民共和国行业推荐性标准"字样;
 2 标准的中文名称;
 3 标准的英文名称;
 4 标准的编号;
 5 标准的主编单位;
 6 标准的批准部门;
 7 标准的实施日期;
 8 出版机构的名称。

2.0.6 标准的发布公告应紧接扉页另页起排，格式见附录 D。公告应包括下列内容：
 1 公告标题与公告号；
 2 标准名称与标准编号；
 3 标准实施以及原标准废止的日期；
 4 有强制性条文的，应列出强制性条文的编号，并强调必须严格执行；
 5 标准的管理单位、解释单位；
 6 其他需要说明的事项。

2.0.7 前言应紧接发布公告另页起排，格式见附录 E。前言应包括下列内容：
 1 制修订标准的任务来源和主编单位；
 2 概述标准编制的指导思想、原则和主要技术内容；对标准的修订，应简述修订要点和主要技术内容的变更概况；
 3 标准中有强制性条文时，应予以说明；
 4 编写组人员分工；
 5 标准的管理部门、标准日常管理组、联系人人员名单及联系方式（地址、电话、传真、电子邮箱）；
 6 标准的主编单位、参编单位，主编、主要参编人员，主审、参与审查人员名单，根据实际情况可增加参加单位和参加人员名单。

2.0.8 参加单位和参加人员名单的确定应符合下列规定：
 1 对在标准编制过程中提供技术、科研、试验验证等支持且贡献比较突出而未具体承担标准编写的单位，可作为标准的参加单位。
 2 对公路工程行业标准的制修订工作提供了重要技术支撑但未执笔编写的参加人员，应在标准的前言中对其贡献和作用予以体现，但不得列为标准编写人员。列入的参加人员数量不应超过6人。

2.0.9 目次应紧接前言另页起排，并应符合下列规定：
 1 应按顺序列出章、节的序号、标题及页码，并依次列出附录、用词用语说明、附件条文说明等。
 2 目次中的标题应与正文的标题一致。
 3 目次中的页码应起始于第1章。
 4 标准的前言不应编入目次。
 5 目次中的页码应采用阿拉伯数字并不加括号。

3 正文部分编写内容与要求

3.1 正文部分

3.1.1 标准的正文部分应包括总则、术语和符号、技术规定。

3.2 总则

3.2.1 总则不宜分节，并应按下列内容和顺序逐条编写：
  1 制修订标准的目的；
  2 标准的适用范围；
  3 标准的共性要求；
  4 执行相关标准的要求。

3.2.2 标准的适用范围应与标准的名称及其技术规定内容一致。在规定的适用范围内，当有不适用的内容时，应指明该标准不适用的范围。

3.2.3 对标准的适用范围可采用"本标准（规范、规程）适用于……"的典型用语；对标准的不适用范围可采用"本标准（规范、规程）不适用于……"的典型用语。

3.2.4 标准的共性要求应为涉及整个标准的基本原则，或是与大部分章、节有关的基本要求。当共性要求的内容较多时，可另独立设章，章名宜采用"基本规定"。

3.2.5 执行相关标准的要求应采用"……除应符合本标准（规范、规程）的规定外，尚应符合国家和行业现行有关标准的规定"的典型用语。

3.2.6 总则条文中不应引出附录。

3.3 术语和符号

3.3.1 术语和符号宜独立设章。术语和符号均有时，章名应为"术语和符号"，且应分节。只有术语或只有符号时，章名可简化为"术语"或"符号"。当选用的本标准特有或出现频率高的术语和符号较少时，可不独立设章。

3.3.2 标准选列的术语应是现行公路工程行业标准中尚无统一规定或在本标准中有特定含义的术语。术语应按出现顺序给出定义和英文译名。英文译名应列于该术语之后，空一字，不加标点。除专用名词外，英文译名应小写。

3.3.3 标准选列的符号应符合国家现行有关标准的规定。当现行标准中没有规定时，应采用国际通用的符号。当无国际通用的符号时，宜采用英文字母符号表示，其角标字母应使用小写英文字母。

3.3.4 术语、符号应前后一致。在同一标准中，同一术语、符号应表示同一概念；同一概念应采用同一术语、符号表述。

3.3.5 符号和代号应优先采用英文字母。符号和代号应按下列顺序列出：
1 英文字母应位于希腊字母之前，希腊字母应位于其他特殊符号之前。
2 字母应按顺序排列：同一字母，大写的应位于小写的之前（如 A、a，B、b），无角标的应位于有角标的之前（如 H、H_d），有字母角标的应位于有数字角标的之前（如 H_d、H_2）。

3.4 技术规定

3.4.1 技术规定应根据标准的具体内容划分为若干章。

3.4.2 技术规定的每一章应根据该章的具体内容分为若干节，当章的内容单一时，也可不分节。

3.4.3 当某一章中的某些技术规定与该章大部分节的内容有关联或属本章共性要求时，可将其单独列出成为该章的第一节，并定名为"一般规定"。

3.4.4 技术规定中的每一节可分为若干条，每一条应对一项技术内容作出规定。

3.4.5 当某一条的内容较多或较复杂时，可分为若干款。

3.4.6 当某一款的内容较多或较复杂时，可分为若干项，项不宜再细分。

3.4.7 技术规定的编写应符合下列规定：
1 应符合国家法律、法规和有关方针、政策。

2　相关的标准之间应协调一致，不得相互抵触。
　　3　应规定需要遵守的原则、达到的技术要求、采取的技术措施，或需禁止的内容，不得阐述制定条文的目的或理由。
　　4　技术内容的定性、定量应准确、有据，技术指标的规定应明确、具体。
　　5　纳入标准的条文，应经工程实践检验是成熟且普遍的技术。
　　6　技术内容表达应准确无误，文字表达应逻辑严谨、简明、准确，不得有歧义。
　　7　所列公式，应仅给出最后表达式，不列出推导过程。对公式符号的解释，可包括简单的参数取值规定，但不得作其他技术性规定。
　　8　条文内容宜作正面规定。
　　9　技术规定中具体指标的确定宜高于全国的中上水平。

3.4.8　标准中的"条"应有表示严格程度的用词，"款"宜有表示严格程度的用词，"项"不宜采用表示严格程度的用词。

3.4.9　表示严格程度的用词应准确，并应符合标准用词用语说明的规定。

3.4.10　强制性条文的编写应符合下列规定：
　　1　强制性条文应为直接涉及质量、安全、人体健康、资源节约和环境保护等公众利益的限值要求、控制性技术要求或规定。
　　2　强制性条文应是完整的条，当特殊需要时也可为完整的款。
　　3　强制性条文应采用黑体字在正文中标志。

4 补充部分编写内容与要求

4.1 补充部分

4.1.1 标准的补充部分应包括附录、用词用语说明。

4.2 附录

4.2.1 当标准某条文涉及的内容较多且相对独立时，宜作为附录单列。每个附录的内容应完整。

4.2.2 附录应为标准正文的组成部分，与标准正文有同等的效力。

4.2.3 附录必须从标准正文中的条文中引出。

4.2.4 标准的条文与附录之间应有连接用语，正文引用附录时可采用"……应符合本标准（规范、规程）附录×的有关规定"，或"……可按本标准（规范、规程）附录×的规定取值"，或"……宜按本标准（规范、规程）附录×的方法计算"等典型用语。

4.3 用词用语说明

4.3.1 表示严格程度的用词应采用规定的典型用词。

4.3.2 对执行标准严格程度的用词，应采用下列写法：
1 表示很严格，非这样做不可的用词，正面词采用"必须"，反面词采用"严禁"；
2 表示严格，在正常情况下均应这样做的用词，正面词采用"应"，反面词采用"不应"或"不得"；
3 表示允许稍有选择，在条件许可时首先应这样做的用词，正面词采用"宜"，反面词采用"不宜"；
4 表示有选择，在一定条件下可以这样做的用词，采用"可"。

4.3.3 不同层次或不同内容之间连接时，其用语应符合下列规定：

1 标准的条与款之间应有连接用语，宜采用"符合下列规定"、"遵循下列原则"或"符合下列要求"等用语。

2 标准的文字与表格之间应有连接用语，宜采用"按表×.×.×确定"、"符合表×.×.×的规定"或"采用表×.×.×中的数值"等用语。

3 标准的文字与公式之间应有连接用语，当只有一个公式时，可采用"按式（×.×.×）计算"；当有两个公式时，应采用"按式（×.×.×）、式（×.×.×）计算"；当有两个以上公式时，应采用"按式（×.×.×）~式（×.×.×）计算"等用语。

4 标准的文字与插图之间应有连接用语，可采用"如图×.×.×所示"、"见图×.×.×"或"（图×.×.×）"等用语。

4.3.4 引用标准的用语应符合下列规定：

1 在标准条文及其他规定中，当引用的标准为国家标准或行业标准时，应表述为"应符合《××××××》（×××）的有关规定"。

2 当引用本标准中的其他规定时，应表述为"应符合本标准（规范、规程、导则）第×章的有关规定"、"应符合本标准（规范、规程、导则）第×.×节的有关规定"、"应符合本标准（规范、规程、导则）第×.×.×条的有关规定"或"应按本标准（规范、规程、导则）第×.×.×条的有关规定执行"。

4.3.5 连词的应用必须确切，两个或两个以上同类词或词组可采用"和"、"与"、"及"等连词连接。

4.3.6 在叙述性文字中，描述绝对值相等的偏差范围时，应采用"允许偏差为±×"的典型用语，不应采用"允许偏差不大于或不小于"、"允许偏差不超过"等用语。

4.3.7 标准的用词用语说明应单独列出，编排在正文之后，有附录时应排在附录之后。

5 条文说明编写内容与要求

5.0.1 公路工程行业强制性标准条文说明应包括封面页和所需说明的内容。

5.0.2 公路工程行业强制性标准条文说明封面页的内容与格式应按附录F执行。

5.0.3 公路工程行业强制性标准条文说明各章、节的标题和序号应与相应正文的标题和序号一致。

5.0.4 条文说明的编写应符合下列要求：
  1 正文中的条文应编写相应的条文说明；当正文条文简单明了、易于理解无须解释时，可不作说明。
  2 强制性条文应编写条文说明。
  3 条文说明不具备法律效力，不得对标准正文的内容作补充规定或加以引申。
  4 条文说明不得写入涉及国家规定的保密内容。
  5 条文说明不得写入具体公司、工厂的名称、品牌及设备名称。
  6 条文说明不得写入有损公平、公正原则的内容。
  7 条文说明对严格程度用词的解释必须与条文保持一致。

5.0.5 条文说明内容的编写应符合下列要求：
  1 应按标准的章、节、条顺序，以条为基础进行说明。需对术语、符号说明时，可按章或节为基础进行说明。
  2 应解释和说明该条文制修订的目的、原因、背景、依据，标准用词、用语的涵义以及在执行中需注意的事项等，所引用的数据和资料应准确、可靠，对引用的重要数据和图表还应说明出处，以及与正文的关系。
  3 表述应严谨明确、简练易懂，具有较强的针对性。
  4 当相邻若干条或某一整节的技术内容关系密切时，可合写一段说明，起止条号用"~"号连接。
  5 对修订或局部修订的标准，应对修订条文的条文说明作相应的修改，并应对新旧条文进行对比说明。未修订的条文宜保留原条文说明。
  6 条文说明的内容不得采用注释。

7 编写依据的标准应写明标准的名称、代号、顺序号和年号。

5.0.6 公路工程行业强制性标准条文说明的页码应与正文连续编排,其中封面页应为暗码。

6 编写方法

6.1 一般规定

6.1.1 公路工程行业标准编写必须符合现行《公路工程行业标准制修订管理导则》（JTG A02）的相关规定。

6.1.2 公路工程行业标准中技术规定的编写应符合本标准第3.4.7条的规定，且不得将其他标准的正文或附录作为本标准的正文或附录。

6.1.3 公路工程行业标准强制性条文的编写应符合下列规定：
 1 同一整条或同一整款中不得同时出现强制性和非强制性的规定。
 2 制定强制性条文必须有充分的依据，应是定性或定量的技术要求或规定。
 3 强制性条文的程度用词应采用"必须"或"严禁"、"应"或"不应、不得"等。
 4 应注重强制性条文的可执行性和其执行过程中的严肃性。

6.1.4 公路工程行业强制性标准的编写应符合下列要求：
 1 公路工程行业强制性标准的有关指标和规定应来源于成熟实践经验的总结。
 2 应对直接涉及公路工程质量、安全、人体健康、资源节约、环境保护和耐久等公众利益的内容作出规定。
 3 技术规定中应对有关要求和指标的限值作出规定。

6.1.5 公路工程行业推荐性标准的编写应符合下列要求：
 1 公路工程行业推荐性标准的"特征名"宜采用"细则"，其使用性质属自愿采用。
 2 公路工程行业推荐性标准的有关指标和规定应来源于成熟实践经验的总结。
 3 技术规定中应对有利于提升公路质量和提高效率，保证安全、耐久和人体健康，促进资源节约和环境保护等方面具有推荐性质的指标、方法等作出规定。
 4 宜对建设过程中的技术指标值作出规定。
 5 对基于某一设备或某一工艺的技术指标值应作出规定。
 6 宜对新技术、新材料、新方法、新工艺的使用作出规定。

7 行业推荐性标准中没有规定使用条件的技术标准要素时，对其如何运用可给出多项选择。

6.1.6 对公路工程行业标准制修订过程中涉及公众安全和公众利益等方面的条文，应向法律方面的专家进行咨询。

6.1.7 公路工程行业标准的编写应分为编制大纲、征求意见稿、送审稿、总校稿和报批稿五个阶段。

6.2 编制大纲阶段

6.2.1 编制大纲阶段的工作内容应包括项目准备、编制大纲的编写和审查工作。

6.2.2 项目准备工作应在行业主管部门下达行业标准制修订工作预通知后开始。

6.2.3 项目准备工作应由主编单位负责，并应完成下列主要内容：
1 应落实本单位对标准制修订工作的保障措施，包括人员、技术、设备和后勤等的保障。
2 应落实主编及本单位参编人员的职责。
3 应建立标准制修订工作内部审核制度。
4 应根据现行《公路工程行业标准制修订管理导则》（JTG A02）的有关要求以及标准制修订工作的需要，落实参编单位和参编人员，筹建编制组。
5 应筹备并主持召开标准制修订第一次工作会议。

6.2.4 标准制修订第一次工作会议的内容应包括：成立编制组、学习有关标准化文件、研究确定标准编制大纲、确定参编单位、拟定参编人员及工作分工、宣布主编单位内部审查制度以及工作纪律，会后应形成标准制修订第一次工作会会议纪要。

6.2.5 在编写行业标准编制大纲前，应明确所编制标准在公路工程行业标准体系中的位置；所编写标准的属性，即标准属于行业强制性标准还是行业推荐性标准；所编写标准同上位标准和下位标准之间的层属关系，确定相互之间界面划分和适用范围。

6.2.6 标准编制大纲应包括工作大纲和编写大纲。

6.2.7 工作大纲应包括下列内容：
1 标准制修订的指导思想和原则；
2 已有的工程经验和科研基础；

3　拟调研的主要问题、调研范围、工作方法及调研数量；
　　4　必要的测试验证项目、数量、方案，应阐述理由；
　　5　编制组主编和参编人员及分工；
　　6　详细工作进度计划；
　　7　主编单位的内部审核制度。

6.2.8　调研范围及调研数量应符合下列要求：
　　1　调研应涵盖与标准内容相关的代表性省份及工程项目。
　　2　应对行业内外已有相关科研成果进行收集分析，必要时尚应补充国外相关资料或进行实地调研。
　　3　调研数量的样本量应满足所编标准技术内容的编写要求。

6.2.9　编写大纲应包括各章、节、条的名称与主要内容，存在问题，需求与对策。修订时宜保留原标准的结构，需调整时应说明理由。

6.2.10　标准编制大纲应由主编单位行文报行业主管部门审查，报送文件应按现行《公路工程行业标准制修订管理导则》（JTG A02）有关规定执行。

6.3　征求意见稿编制

6.3.1　标准编制大纲通过行业主管部门组织的审查后，应按审查后修订的编制大纲要求进行针对性的调研。

6.3.2　编制调研应包括制修订标准存在的技术问题、制修订标准与相关标准的协调、对制修订标准的需求、已建工程项目的实践经验、行业内外相关科研成果。

6.3.3　编制调研必须拟定调查大纲和有针对性的调查问卷。调查形式可采用书面、查阅文档、现场访问等多种方式，调查对象应具代表性和典型性。

6.3.4　编制调研应编写专门的调研报告。

6.3.5　需对某些技术内容进行测试验证时，应制订测试验证项目的工作大纲，明确统一的测试验证方法；必要时，应对测试验证的结果进行论证。

6.3.6　对重大技术问题，或难以取得统一意见的技术问题，应进行专题研究或论证，并形成专题报告。

6.3.7 应按编制大纲，并结合调研、测试验证、专题研究或论证等工作开展征求意见稿条文的编写工作。

6.3.8 征求意见稿条文编写应符合下列要求：
 1 条文编写应在考虑技术角度的基础上，结合国家和行业政策及发展方向等因素综合确定。
 2 技术指标的确定，除技术特性与要求外，尚应考虑社会、经济发展的阶段性。对技术发展或更新较快的，应预留发展余地。
 3 科学研究成果纳入行业标准时，应有试设计报告或实体工程使用验证报告。
 4 编写条文的同时，应同步编写"条文说明"。

6.3.9 征求意见稿应发送有关单位及专家征求意见，征求意见的反馈期限宜为两个月。

6.4 送审稿编制

6.4.1 应对征求意见稿阶段收集到的意见逐条归纳整理，并提出处理的意见和理由。对其中有争议的重大问题，可根据情况采用补充调研、测试验证、专题会议等形式进行处理。

6.4.2 应在征求意见稿反馈意见的基础上，开展送审稿的编制工作。

6.4.3 对工程实施有可能产生较大影响的内容或条文，应按拟提交的送审稿组织试设计或根据需要选择有代表性的工程进行施工试用或运营试用，分析提出工程建设标准综合评价报告，并作为送审时的附件。

6.4.4 向公路工程行业标准主管部门报送的送审报告应包括：标准所依据的基础理论的先进程度，标准所采用的工艺技术水平，标准所规定的质量等级的先进程度，标准规定的合理程度，标准规定对环境保护、安全、人体健康、公共利益的适应程度，标准内容采用科技成果的含量与数量、与国外同一技术领域先进标准的比较，标准与国家、行业、地方技术经济政策的适应程度，标准预期或已经取得的经济效益。

6.5 总校稿和报批稿编制

6.5.1 主编单位应根据公路工程行业标准主管部门主持召开的审查会议的审查意见完成总校稿编制。

6.5.2 主编应根据总校会意见清稿并负责统稿，形成报批初稿及其条文说明。

6.5.3 主编单位应按内部审核制度对报批初稿进行审签，形成报批稿后行文报部公路工程行业标准主管部门审批。

6.5.4 报批文件的格式和内容要求应按现行《公路工程行业标准制修订管理导则》（JTG A02）的有关规定执行。

6.5.5 报批报告的编写应包括制修订标准的工作过程、工作程序，并逐章说明制修订内容、制修订理由和对公路工程建设质量、安全、造价带来的影响等。

7 编写规则

7.1 一般规定

7.1.1 标准的编号应按现行《公路工程标准体系》(JTG A01)的规定执行。标准发布年号应采用四位数字,修订后应改为标准重新发布时的年号。

7.1.2 条文应采用文字表达,当采用文字不易表达或表达尚不清楚时,可辅以图说明。

7.1.3 页码的编写应符合下列要求:
1 标准应编排页码,页码应从正文的第一章排起。
2 前言和目次的内容多于一页时,应单独编排页码。
3 页码应排在正文下方。
4 页码的字体字号宜为宋体五号。
5 页码应采用正体居中排,数字两边应加一字线修饰。

7.1.4 书眉的编写应符合下列要求:
1 应从标准的前言开始,在每页书眉位置排标准的名称、编号及章名。
2 奇数页码应在书眉的右侧顶格排标准的章名;偶数页码应在书眉的左侧顶格排标准的名称及编号。
3 书眉与正文间应用细实线分开。
4 书眉宜采用小五号细黑字体。

7.2 编排格式

7.2.1 标准正文应按章、节、条、款、项划分层次。在同一层次中应按先主后次、共性优先的原则进行排序。

7.2.2 章的编写应符合下列规定:
1 章的编号应采用阿拉伯数字,从阿拉伯数字"1"开始编起,顺序编号。
2 章应有标题,章号应靠左顶格书写。

3 章的标题应在编号后空一字书写，回行后内容应对齐。

7.2.3 节的编写应符合下列规定：
1 节的编号应采用阿拉伯数字，编号应由章号和节号两部分组成，中间应以下圆点隔开。
2 章内不分节时，节的编号应采用"0"表示。
3 节应有标题，节号应靠左顶格书写。
4 节的标题应在编号后空一字书写，回行后内容应对齐。
5 节的编号应在所属的章内连续。

7.2.4 条的编写应符合下列规定：
1 条的编号应采用阿拉伯数字，编号应由章号、节号和条号三部分组成，中间均应以下圆点隔开。
2 条号应左起空一字书写，条的内容应在编号后空一字书写，回行后应顶格书写。
3 条不得用标题的形式表述。
4 条的内容不宜分段书写，同一条内容表达的意思不同时，可用款表达。
5 条的编号应在所属的节内连续。节下只有一条时，也应编条号。

7.2.5 款的编写应符合下列规定：
1 款的编号应采用阿拉伯数字，从阿拉伯数字"1"开始编起，顺序编号。
2 款号应左起空两字书写，款的内容应在编号后空一字书写，回行后应顶格书写。
3 款不宜用标题的形式表述。
4 款的内容不得分段书写，同一款内容表达的意思不同时，可用项表达。
5 款的编号应在所属的条内连续。
6 款中的程度用词不得比条中的程度用词严格。

7.2.6 项的编写应符合下列规定：
1 项的编号应采用右边带半圆括号的阿拉伯数字，从"1)"开始编起，顺序编号。
2 项号应左起空两字书写，项内容接排不空字，回行后应顶格书写。
3 项不得用标题的形式表述。
4 项的内容不得单独作为一个规定而被引用。
5 项的内容不得分段书写，同一项内容表达的意思不同时，可用分项表达。
6 项的编号应在所属的款内连续。
7 项与款之间可不采用连接用语。

7.2.7 同一项内容中的几个并列要素，可用破折号以分项形式排列，并应符合下列编写规定：

1　分项文字应在破折号后对齐，各破折号也应对齐。
　　2　破折号应左起空两个汉字。
　　3　当需对某一分项进一步细分时，宜使用右边带半圆括号的小写英文字母编号，且应与破折号后首字对齐。

7.2.8　标准的条文不宜使用括号用以解释括号前的词或词组的含义。

7.2.9　第2章中符号、代号的编写应符合下列规定：
　　1　各符号、代号不宜编号。
　　2　性质相同的多个符号、代号可编在同一条内。
　　3　符号的计量单位不宜列出。
　　4　符号、代号与其含义之间应加破折号，各破折号应对齐，内容回行应在破折号后对齐。最后一条符号、代号句末应采用句号，其上各符号、代号句末应采用分号。

7.2.10　附录的编写应符合下列规定：
　　1　附录的层次划分和编号方法应与正文相同。
　　2　附录的编号应采用大写正体英文字母，从"A"起连续编号，编号应写在"附录"后面。
　　3　附录的编号不得采用"I"、"O"、"X"三个字母。
　　4　附录应按正文中被引用的先后顺序依次编排。
　　5　附录应设置标题，其排列格式应与章的排列格式一致。
　　6　附录中表、图、公式的编号方法应与正文要求一致。
　　7　当一个附录中的内容仅为一个表时，不应编节、条号，应在附录号前加"表"字编号。
　　8　当一个附录中的内容仅为一个图时，不应编节、条号，应在附录号前加"图"字编号。

7.2.11　标准的层次及编号格式应符合附录G的规定，条文排列格式应符合附录H的规定，字体字号应符合附录J的规定。

7.3　引用标准

7.3.1　公路工程行业标准可引用国家标准或相关行业标准，不应引用地方标准和企业标准。

7.3.2　当公路工程行业标准采用国际标准或国外标准的有关内容时，不得引用其名称和编号，应将采纳的相关内容结合标准编写的实际，作为标准的正式条文列出。

7.3.3 当条文中涉及的内容在有关的标准中已有规定时，宜引用这些标准代替详细规定，不宜重复被引用标准中相关条文的内容。

7.3.4 对标准条文中引用的标准在其修订后不再适用，应指明被引用标准的名称、代号、类别、序号、年号。

7.3.5 对标准条文中被引用的标准在其修订后仍然适用，应指明被引用标准的名称、代号、类别、顺序号，不写年号，且应在标准名称前加"现行"两字。

7.3.6 强制性条文中引用其他标准的条文，表示在执行该强制性条文时，必须同时执行被引用标准的有关规定。强制性条文中不应引用本标准中非强制性条文的内容。

7.4 表

7.4.1 当条文中采用表有利于对标准的理解时，宜采用表格的方式表述。

7.4.2 表必须有表号和表名，表号应排在表名前，表号与表名之间应空一字。表号和表名应书写在表格上方居中。

7.4.3 条文中的表应按条号加"表"字编号。当同一条文有多个表时，应采用条号后加表的顺序号，其间应用半字线连接。

7.4.4 表应排在有关条文内容之后，并应与条文的内容相呼应。条文中必须引出所采用的表。

7.4.5 表的外框线应采用粗实线，其他表线应为细实线。表左右应封闭。表头中不应使用斜线。

7.4.6 表可采用竖排、横排或做成和合版的形式。

7.4.7 表不宜分页排，当必须分页时，表格下部宜将一个横栏排完，并用粗实线闭合。次页接排的表格不得省略表头，并应在表格上沿居中书写"续表×.×.×"。

7.4.8 表格各列的数字或小数点应对齐，当表栏中文字或数字相同时，应通栏表示或重复书写，不得采用"同上"、"同左"、"同右"等简略表示方式；当表栏中无内容时，应以"—"表示，不留空白。

7.4.9 当表各栏数值的计量单位相同时，应将共同的计量单位加括号后紧接表名右方书写；当计量单位不同时，应将计量单位书写在相应表栏名称的右方或正下方，计量单位应加括号。

7.4.10 条文说明中的表号应由"表"字加章号和该表在该章中的顺序号组成。

7.5 图

7.5.1 条文中引用中华人民共和国地图时，应符合有关法律法规的规定。

7.5.2 图应有图名，并应位于图下方居中。

7.5.3 条文中的图应按条号前加"图"字编号。当同一条文有多幅图时，应采用条号后加图的顺序号，其间应用半字线连接。

7.5.4 当一幅图由几幅分图组成时，应在每幅分图下方采用a)、b)、c)……顺序编号；当分图有名称时，应在分图顺序号后书写分图名称。

7.5.5 图应排在有关条文内容之后，并应与条文的内容相呼应。条文中必须引出所采用的图。

7.5.6 图中不宜写文字。图注号宜采用阿拉伯数字从"1"开始按顺时针方向编排，图注应在图名下方居中排列。

7.5.7 条文说明中的图号应由"图"字加章号和该图在该章中的顺序号组成。

7.5.8 图的标绘应符合国家相关标准的规定。

7.6 公式

7.6.1 条文中的公式应按条号编号，并加圆括号，列于公式右侧顶格。当同一条文有多个公式时，可在条号后加公式的顺序号，其间应用半字线连接。

7.6.2 条文中的公式应居中书写。

7.6.3 公式应排在有关条文内容之后，并应与条文的内容相呼应。条文中应引出所采用的公式。

7.6.4 公式中的符号和计量单位的书写应符合下列规定：
  1 公式中符号的意义应注释在公式下方"式中"两字之后。
  2 "式中"两字应左起顶格，其后加冒号。
  3 符号与注释之间应加破折号，同一公式中的破折号应对齐。
  4 每条注释应另起一行书写，注释内容较多需要换行时，应在破折号后对齐。
  5 公式中多次出现同一含义的符号，应在第一次出现时加以注释，以后出现时可不重复注释。
  6 最后一条注释的句末应采用句号，其上各条注释句末应采用分号。
  7 计量单位应加括号接写在每条注释的文字之后。
  8 宜按公式中符号的先后顺序依次解释。

7.6.5 当"式中"某符号注释的内容较多时，可另立条或款编写。

7.6.6 条文说明中公式的编号应由章号和该公式在该章中的顺序号组成。

7.7 数值

7.7.1 条文中的数值应采用正体阿拉伯数字。在叙述性文字段中，表达非物理量的数字为一至九时，可采用中文数字书写。

7.7.2 条文中的分数、百分数和比例数应按下列方式书写：
  3/4 或 0.75　　　　　　　　不得写成四分之三；
  27%　　　　　　　　　　　 不得写成百分之二十七；
  1∶4.7　　　　　　　　　　 不得写成一比四点七。

7.7.3 当书写的数值小于1时，必须写出前定位的"0"。小数点应采用下圆点。

7.7.4 条文中标明量的数值，应反映出所需的精确度。数值的有效位数应全部写出。数列中的每一个数均应精确到小数点后相同的位数。

7.7.5 小数点前或后有四位数及其以上时，从小数点起，向左或向右，每三位数字应空半个阿拉伯数字的位置。

7.7.6 当多位数的数值需采用10的幂次方式表达时，有效位数中的"0"必须全部写出。

7.7.7 带有表示偏差范围的数值，应按下列方式书写：
  20mm ± 2mm 或（20 ± 2）mm　　　　不应写成 20 ± 2mm；

$20℃ ^{+2}_{-1}℃$	不应写成 $20^{+2}_{-1}℃$；
$0.65 ± 0.05$	不应写成 $0.65 ± .05$；
$50^{+2}_{0} mm$	不应写成 $50^{+2}_{-0} mm$；
$(55 ± 4)\%$	不应写成 $55 ± 4\%$ 或 $55\% ± 4\%$。

7.7.8 表示参数范围的数值，应按下列方式书写：

$10\% \sim 12\%$	不应写成 $10 \sim 20\%$；
$1.1 \times 10^5 \sim 1.3 \times 10^5$	不应写成 $1.1 \sim 1.3 \times 10^5$；
$18° \sim 36°30'$	不应写成 $18 \sim 36°30'$；
$18°30' \sim -18°30'$	不应写成 $±18° ±30'$。

7.7.9 带有长度单位的数值相乘，应按下列方式书写：

$l \times b \times h$（mm）：$200 \times 100 \times 50$
或 $200mm \times 100mm \times 50mm$ 不应写成 $200 \times 100 \times 50mm$。

7.7.10 数值相乘应采用"×"，不应采用"·"。

7.8 计量单位和符号

7.8.1 条文中表示量值时，应标明其单位，单位应采用法定计量单位。常用法定计量单位及其换算见附录 K。

7.8.2 条文中的物理量和有数值的单位应采用符号表示，不宜使用中文、外文单词或缩略词代替。

7.8.3 在条文叙述中，不得使用符号代替文字说明。

7.8.4 在条文中应正确使用符号和代号，变量符号应采用斜体字母，非变量符号应采用正体字母。当上、下角标为物理量符号、坐标轴、连续数或表示数的字母符号时，应采用斜体字母，其他情况应采用正体字母。

7.8.5 当标准条文中列有同一计量单位的系列数值时，可仅在最末一个数字后写出计量单位的符号。

7.9 汉字及标点符号

7.9.1 标准的文字应采用国家正式公布实施的简化汉字，不得采用繁体字、异体字或非正规简化字。

7.9.2 章节名称、图名、表名，不宜采用标点符号；表中各栏最末一句句尾不宜采用标点符号。

7.9.3 标点符号应采用中文标点书写格式，并应符合下列规定：
1 句号应采用"。"，不采用"．"。
2 范围符号应采用"~"，不采用"—"。
3 破折号应采用"——"，占两个汉字位置。
4 汉字之间的连接号应采用"—"，占一个汉字位置；符号之间的连接号应采用"-"，占1/4个汉字位置。

7.9.4 每个标点符号宜占一个汉字位置。各行开始的第一个字符，除引号、括号、书名号外，不得书写其他标点符号。

7.10 注

7.10.1 注应只给出理解或使用标准的附加信息，其内容不应包含技术规定和要求。注应少用。

7.10.2 注中不应出现图、表或公式。

7.10.3 术语和符号不应采用脚注。

7.10.4 条文的注、表注和图注应在"注"字后加冒号，接写注释内容；注释内容换行书写时，应与上行内容的首字对齐。

7.10.5 条文的注、表注和图注多于一个时，应采用"1."、"2."、"3."等顺序编号；每个注应另起一行，前空两个汉字，句末使用句号。

7.10.6 条文的脚注应符合下列规定：
1 从"前言"开始，应采用1)、2)、3)等顺序编号。
2 在条文中需要注释的词或句子之后应使用与脚注编号相同的上标数字1)、2)、3)等标明脚注。
3 脚注应置于相关页面的下边，脚注和条文之间用一条细实线分开。细实线长度为版心宽度的1/4，置于页面左侧。

7.10.7 表的脚注应符合下列规定：

1 表的脚注应单独编号并置于表的下方，当有表注时，应紧跟表注。
2 表的脚注应采用上标形式的小写英文字母按 a、b、c 等顺序编号。
3 在表中需注释的位置应以相同的上标形式的小写英文字母标明表的脚注。

7.10.8 图的脚注应符合下列规定：

1 图的脚注应单独编号并置于图名之下，当有图注时，应紧跟图注。
2 图的脚注应采用上标形式的小写英文字母按 a、b、c 等顺序编号。
3 在图中需注释的位置应以相同的上标形式的小写英文字母标明图的脚注。

附录 A 公路工程行业强制性标准封面格式

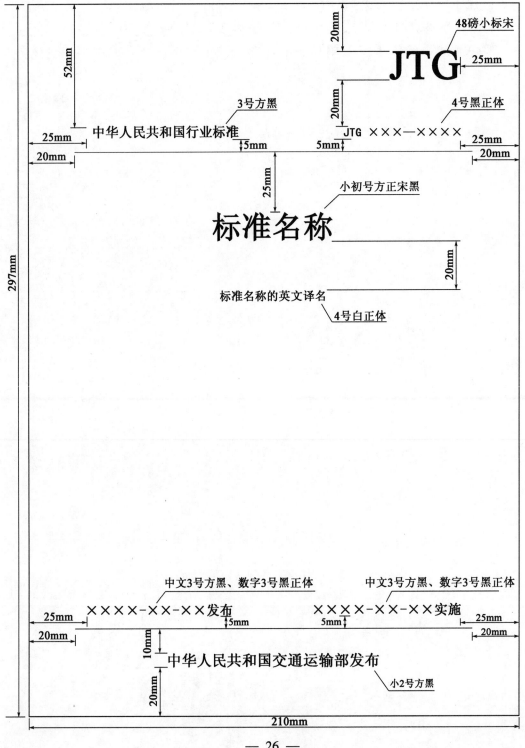

附录 B 公路工程行业推荐性标准封面格式

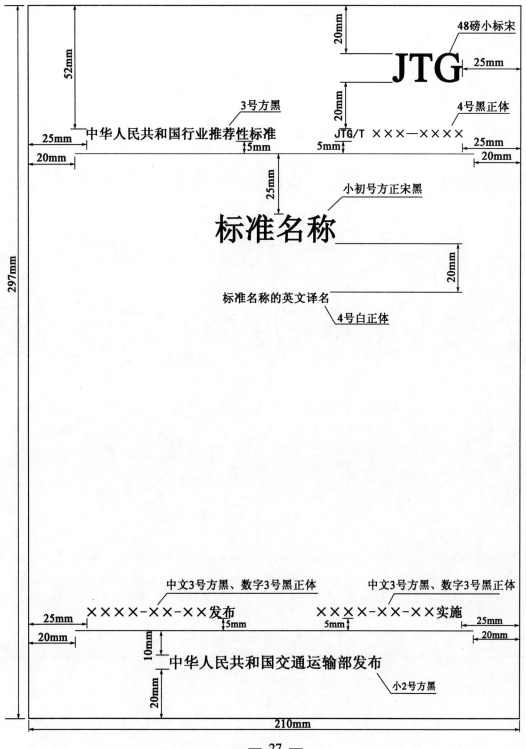

附录 C 扉页格式

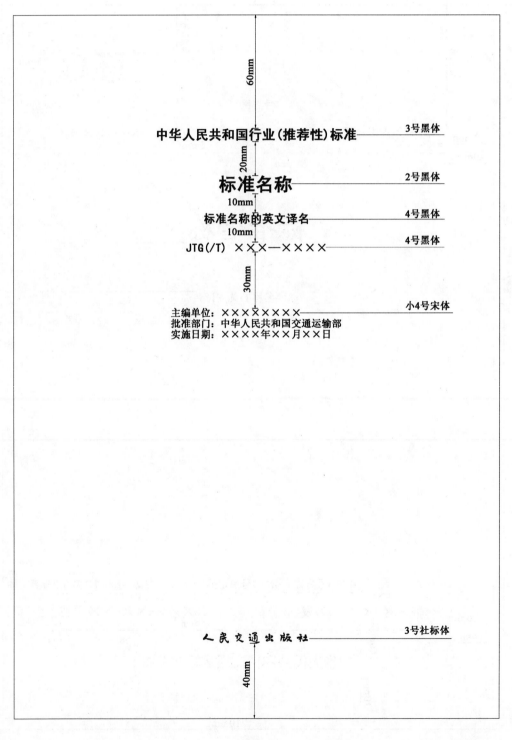

附录 D 公告格式

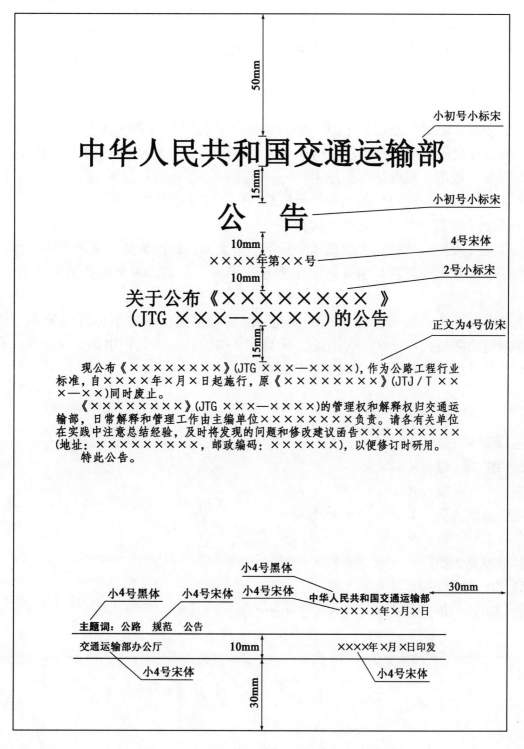

附录 E 前言示例

前　　言

根据交通运输部交公路发〔20××〕××号《关于下达20××年度公路工程标准制修订项目计划的通知》的要求，由××××承担《公路×××规范》的制定工作。

本标准（规范、规程）制定缘由：……

本标准（规范、规程）编制的指导思想、原则和主要技术内容：……

本标准（规范、规程）章的结构：……

本标准（规范、规程）中以黑体字标示的条文为强制性条文，必须严格执行。

本标准（规范、规程）由×××负责起草第×××章，×××负责起草第×××章……

请各有关单位在执行过程中，将发现的问题和意见，函告本标准（规范、规程）日常管理组，联系人：×××（地址：×××，邮编：×××；电话：×××，传真：×××；电子邮箱：×××），以便修订时参考。

主 编 单 位：××××

参 编 单 位：××××

主　　　　编：××××

主要参编人员：×××　×××　……

主　　　　审：×××

参与审查人员：×××　×××　……

参 加 单 位：××××

参 加 人 员：×××　×××　……

前　　言（修订版）

根据交通运输部交公路发〔20××〕××号《关于下达20××年度公路工程标准制修订项目计划的通知》的要求，由××××承担对《公路×××规范》（JTG ×××—××××）的修订工作。

本标准（规范、规程）是对原《公路×××规范》（JTG ×××—××××）的全面（或局部）修订。经批准颁发后以《公路×××规范》（JTG ×××—××××）颁布实施。

本标准（规范、规程）修订的指导思想、原则和主要技术内容是：……

本标准（规范、规程）修订后的章节结构及其调整要点：……

本标准（规范、规程）中以黑体字标示的条文为强制性条文，必须严格执行。须废止的原版本强制性条文的章、节、条号……

本标准（规范、规程）由×××负责起草第×××章，×××负责起草第×××章……

请各有关单位在执行过程中，将发现的问题和意见，函告本标准（规范、规程）日常管理组，联系人：×××（地址：×××，邮编：×××；电话：×××，传真：×××；电子邮箱：×××），以便下次修订时参考。

主　编　单　位：××××
参　编　单　位：××××
主　　　　　编：×××
主要参编人员：×××　×××　……
主　　　　　审：×××
参与审查人员：×××　×××　……
参　加　单　位：××××
参　加　人　员：×××　×××　……

附录 F 条文说明封面格式

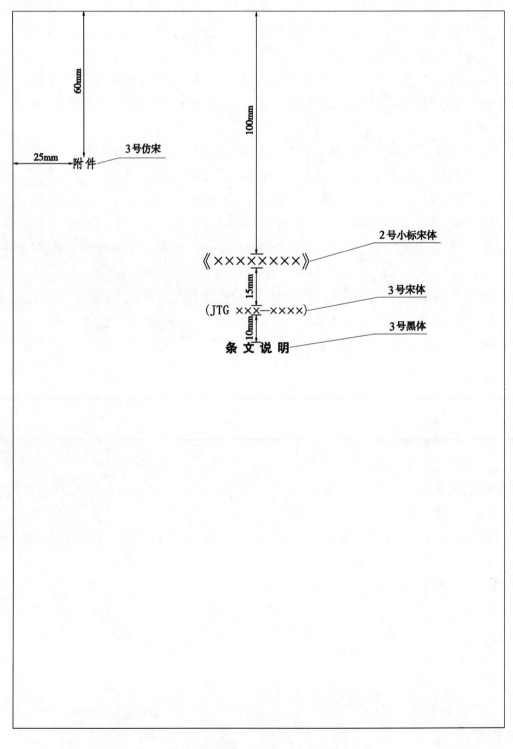

附录 G 层次及编号格式

G.0.1 标准条文的层次及编号应符合图 G.0.1 的规定。

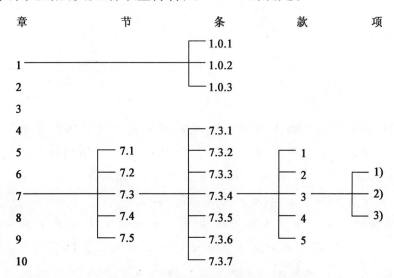

图 G.0.1 标准条文层次及编号示意图

G.0.2 标准附录的层次及编号应符合图 G.0.2 的规定。

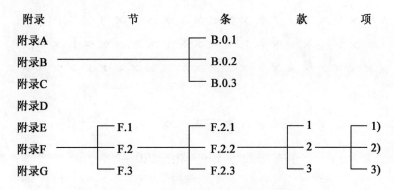

图 G.0.2 标准附录层次及编号示意图

附录 H 条文排列格式

× 章名

×.× 节名

×.×.× ××（条内容）：

 1 ××（款内容）。

 2 ××（款内容）：

  1) ××（项内容）；

  2) ××××××××××××××××××××××××××××（项内容）：

   ——×××（分项内容）；

   ——××××××××××××××××××××××××××××××；

   ——××。

×.×.× ××××××××××××按式（×.×.×）计算：

$$\lg N_f = 12.409 - 12.570 \frac{\sigma_t}{f_r} \qquad (×.×.×)$$

式中：N_f——××××××××××××（××）；

  σ_t——×××（××）；

  f_r——×××××××××××××××××××（××）。

附录 J 标准中的字体字号

表 J 标准中的字号和字体

序号	页别	位置	文 字 内 容	字号和字体
1	封面	第一行右	公路工程行业标准标志 JTG	48磅小标宋
2	封面	第二行左	中华人民共和国行业标准	3号方黑
3	封面	第二行右	标准编号	4号黑正体
4	封面	第三行中	标准名称	小初号方正宋黑
5	封面	第四行中	标准英文译名	4号白正体
6	封面	倒第二行左	发布日期	中文3号方黑,数字3号黑正体
7	封面	倒第二行右	实施日期	中文3号方黑,数字3号黑正体
8	封面	倒第一行中	中华人民共和国交通运输部发布	小2号方黑
9	扉页	第一行中	中华人民共和国行业标准	3号黑体
10	扉页	第二行中	标准名称	2号黑体
11	扉页	第三行中	标准英文译名	4号黑体
12	扉页	第四行中	标准编号	4号黑体
13	扉页	第五行	主编单位	小4号宋体
14	扉页	第六行	批准部门	小4号宋体
15	扉页	第七行	实施日期	小4号宋体
16	扉页	第八行中	出版社名	3号社标体
17	发布公告	第一、二行中	中华人民共和国交通运输部公告	小初号小标宋
18	发布公告	第三行中	公告号	4号宋体
19	发布公告		标题	2号小标宋
20	发布公告		公告内容	4号仿宋
21	发布公告	倒第四行右	发布部门	小4号黑体
22	发布公告	倒第三行右	发布日期	小4号宋体
23	发布公告	倒第二行左	主题词	小4号黑体
24	发布公告	倒第二行左	主题词内容	小4号宋体
25	发布公告	倒第一行	印发部门及时间	小4号宋体

续表 J

序号	页别	位置	文字内容	字号和字体
26	前言	第一行	书眉	小 5 号细黑
27	前言	正文第一行	前言	小 2 号黑体
28	前言		前言内容	小 4 号宋体
29	目次	第一行	书眉	小 5 号细黑
30	目次	正文第一行	目次	小 2 号黑体
31	目次		章、附录编号和标题、用词用语说明、条文说明	小 4 号黑体
32	目次		节的编号和标题	小 4 号宋体
33	正文各页	第一行	书眉	小 5 号细黑
34	正文各页		章的编号和标题	小 2 号宋体
35	正文各页		节的编号和标题	小 4 号黑体
36	正文各页		条的编号	小 4 号黑体
37	正文各页		款、项编号，条文内容	小 4 号宋体
38	正文各页		条文说明	小 4 号楷体加粗
39	正文各页		条文说明内容	小 4 号楷体
40	正文各页		表号及表名	5 号黑体
41	正文各页		注、表中内容、图号、图名	小 5 号宋体
42	正文各页		图中文字	小 5 号宋体
43	附件	第一行	附件	3 号仿宋
44	附件	第二行	标准名称	2 号小标宋
45	附件	第三行	标准编号	3 号宋体
46	附件	第四行	条文说明	3 号黑体

附录 K　常用法定计量单位

表 K-1　国际单位制的基本单位

量 的 名 称	单 位 名 称	单 位 符 号
长度	米	m
质量	千克（公斤）	kg
时间	秒	s
电流	安［培］	A
热力学温度	开［尔文］	K
物质的量	摩［尔］	mol
发光强度	坎［德拉］	cd

表 K-2　国际单位制中具有专门名称的导出单位

量 的 名 称	单 位 名 称	单 位 符 号	其他表示式例
平面角	弧度	rad	1
立体角	球面度	sr	1
频率	赫［兹］	Hz	1/s
力；重力	牛［顿］	N	$kg \cdot m/s^2$
压力，压强；应力	帕［斯卡］	Pa	N/m^2
能量；功；热	焦［耳］	J	$N \cdot m$
功率；辐射通量	瓦［特］	W	J/s
电荷量	库［仑］	C	$A \cdot s$
电位；电压；电动势	伏［特］	V	W/A
电容	法［拉］	F	C/V
电阻	欧［姆］	Ω	V/A
电导	西［门子］	S	A/V
磁通量	韦［伯］	Wb	$V \cdot s$

续表 K-2

量的名称	单位名称	单位符号	其他表示式例
磁通量密度，磁感应强度	特［斯拉］	T	Wb/m^2
电感	亨［利］	H	Wb/A
摄氏温度	摄氏度	℃	
光通量	流［明］	lm	cd·sr
光照度	勒［克斯］	lx	lm/m^2
放射性活度	贝可［勒尔］	Bq	1/s
吸收剂量	戈［瑞］	Gy	J/kg
剂量当量	希［沃特］	Sv	J/kg

表 K-3 国家选定的非国际单位制单位

量的名称	单位名称	单位符号	换算关系和说明
时间	分	min	1min = 60s
	［小］时	h	1h = 60min = 3 600s
	天（日）	d	1d = 24h = 86 400s
平面角	［角］秒	(″)	1″ = (π/648 000) rad（π为圆周率）
	［角］分	(′)	1′ = 60″ = (π/10 800) rad
	度	(°)	1° = 60′ = (π/180) rad
旋转速度	转每分	r/min	1r/min = (1/60) /s
长度	海里	n mile	1n mile = 1 852m（只用于航程）
速度	节	kn	1kn = 1n mile/h = (1 852/3 600) m/s（只用于航行）
质量	吨	t	1t = 1 000kg
	原子质量单位	u	1u ≈ 1.660 540 2 × 10^{-27}kg
体积	升	L	1L = 1dm^3 = 1/1 000m^3
能	电子伏	eV	1eV ≈ 1.602 177 33 × 10^{-19}J
级差	分贝	dB	用于对数量
线密度	特［克斯］	tex	1tex = 1g/km
土地面积	公顷	hm^2, (ha)	1hm^2 = 10^{4}m^2 = 0.01km^2

表 K-4 用于构成十进倍数和分数单位的词头

所表示的因数	词头名称	词头符号
10^{18}	艾［可萨］	E
10^6	兆	M
10^3	千	k
10^2	百	h
10^1	十	da

续表 K-4

所表示的因数	词 头 名 称	词 头 符 号
10^{-1}	分	d
10^{-2}	厘	c
10^{-3}	毫	m
10^{-6}	微	μ
10^{-9}	纳［诺］	n

注：1. 周、月、年（年的符号为 a），为一般常用时间单位。

2. ［ ］内的字，是在不致混淆的情况下，可以省略的字。

3. （ ）内的字为前者的同义语。

4. 角度单位度分秒的符号不处于数字后时，用括号。

5. r 为"转"的符号。

6. 公里为千米的俗称，符号为 km。

7. 10^4 称为万，10^8 称为亿，10^{12} 称为万亿，这类数词的使用不受词头名称的影响，但不应与词头混淆。

本导则用词用语说明

1 本导则执行严格程度的用词，采用下列写法：

1）表示很严格，非这样做不可的用词，正面词采用"必须"，反面词采用"严禁"；

2）表示严格，在正常情况下均应这样做的用词，正面词采用"应"，反面词采用"不应"或"不得"；

3）表示允许稍有选择，在条件许可时首先应这样做的用词，正面词采用"宜"，反面词采用"不宜"；

4）表示有选择，在一定条件下可以这样做的用词，采用"可"。

2 引用标准的用语采用下列写法：

1）在标准总则中表述与相关标准的关系时，采用"除应符合本标准（规范、规程）的规定外，尚应符合国家和行业现行有关标准的规定"。

2）在标准条文及其他规定中，当引用的标准为国家标准或行业标准时，应表述为"应符合《××××××》（×××）的有关规定"。

3）当引用本标准中的其他规定时，应表述为"应符合本标准（规范、规程、导则）第×章的有关规定"、"应符合本标准（规范、规程、导则）第×.×节的有关规定"、"应符合本标准（规范、规程、导则）第×.×.×条的有关规定"或"应按本标准（规范、规程、导则）第×.×.×条的有关规定执行"。

附件

《公路工程标准编写导则》

(JTG A04—2013)

条 文 说 明

1 总则

1.0.1 统一公路工程行业标准编写要求，是标准化工作的基本要求。制定公路工程行业标准是为了实施标准，标准是沟通编制者与执行者的桥梁，因此，标准的编制者应按统一的格式，将编制意图准确地传达给执行者，以便执行者能正确理解和运用公路工程行业标准。

原公路工程行业标准的编写与出版印刷要求，一直执行原建设部《工程建设标准编写规定》（建标〔1996〕626号）和住房和城乡建设部2008年10月20日发布的《工程建设标准编写规定》（建标〔2008〕182号）的规定。近年来，公路工程行业标准的编写格式已基本固定，形成了独特和适用于公路工程行业标准的编写要求和表达方式，并为广大工程技术人员熟悉和习惯。

本次，为配合对《公路工程行业标准管理导则》（交公路发〔2001〕620号）的修订，在全面总结公路工程标准编写经验的基础上，结合公路工程行业自身特点，制定本导则。

1.0.2 关于地方标准和企业标准的编写，相关单位根据工程建设的实际情况和经验，自行决定是否采用本导则。

1.0.3 公路工程行业标准名称是对标准技术内容的集中体现，也是标准化对象和范围的明确界定。

特征名"标准"、"规范"、"规程"、"导则"、"细则"都是标准的一种表现形式，本导则将其统称为"标准"，只有在针对具体对象时才加以区别。

1.0.4 条文中，行业标准代号为JTG，是交、通、公三字汉语拼音的第一个字母。标准分类用字母A~Z表示，例如A表示综合类、B表示基础类、C表示勘察类、D表示设计类等。

1.0.5 本条是对公路工程行业标准编写的总体要求，总之要做到易于正确理解，利于执行，不产生歧义。

1.0.6 为保证公路工程行业强制性标准正文条文的连贯性，其条文说明作为一个整体附件排在用词用语说明之后。

而对于推荐性的行业标准，为便于使用者查阅，本导则规定，其条文说明紧随条文排列。

2 前引部分编写内容与要求

2.0.2～2.0.5 封面和扉页的样式按出版印刷规定采用固定格式，详见附录A、附录B和附录C。

由于出版印刷所用软件同 Microsoft Word 软件有区别，标准编制过程中各稿本的封面和扉页的样式，可参照附录A、附录B和附录C的格式，允许有少量差异。

2.0.7 标准的前言应简明扼要陈述结果，勿写过程。

1 标准的任务来源是制修订标准的任务依据，其典型用语为："根据交通运输部×××发〔20××〕××号文《关于下达20××年度公路工程标准制修订项目计划的通知》的要求，由××××承担《××××××规范》（JTG×××—20××）的制定（或修订）工作"。

2 标准编制的指导思想、原则按批复的制修订大纲所确定的原则简述。对于修订的标准，应简述修订要点和主要技术内容的变更概况。

3 标准中含有强制性条文时，应在前言中明示强制性条文章、节、条号和执行要求，其典型用语为："本标准（规范、规程）中以黑体字标示的条文为强制性条文，必须严格执行"。

5 为及时解决标准在执行过程中遇到的"如何执行"等问题，加强过程中的管理和服务至关重要。故在前言中要求明确管理部门、日常管理机构，以及具体技术解释单位，以便在为标准执行提供技术保障与服务的同时，收集标准实施中出现的新情况、新问题，以供下次修订时参考。

6 前言中要求列出主编单位、参编单位、主编、主要参编人员和主审、参与审查人员名单，一方面是对以上人员所作出的贡献给予肯定，另一方面也要求其对所做的工作负责。本次增列"主审"是为体现他们在标准编制中所发挥的重要作用。"主审"是指在标准编制过程中，由主管部门邀请的对标准关键技术问题、质量水平等进行咨询、初审和评审的专家。

2.0.8 为鼓励社会各方面的研究机构、社会团体、企事业等单位或个人积极参与标准化工作，凡承担与该标准技术内容有关的科研、试验、试设计及其依托工程等贡献比较突出的单位或个人，可作为标准的参加单位或者在标准的前言中体现较突出的个人的作用。

2.0.9 此前，标准有的采用"目次"，有的采用"目录"，不太统一。另外，《标准化工作导则 第1部分：标准的结构和编写规则》（GB/T 1.1—2009）中，将标准的前言和引言均排在目次之后，并在目次中加以索引；《工程建设标准编写规定》（建标〔2008〕182号）要求，标准的正文目次应包括中文目次和英文目次。

考虑到公路工程行业标准不同于一般的产品标准，也考虑到现行标准规范的通用做法，并根据征求的专家建议，本条明确规定名称采用"目次"，不列英文目次，不设置引言。

3 正文部分编写内容与要求

3.2 总则

3.2.1 条按照目的、适用范围、共性要求和执行相关标准的顺序依次编写。

制修订标准的目的是指为什么制定标准、应遵循什么原则和方针政策、达到什么目的,通常采用概括性且有针对性的语言陈述。

3.2.2 如何界定标准的适用范围,需注意以下几点:

(1) 适用范围应视该标准的技术规定所适用的对象、范围及限制条件而定,并与标准的名称和技术内容相一致。

(2) 当标准名称的覆盖领域或范围较大时,其适用范围应明确界定本标准的实际适用范围;当标准仅仅适用于某一方面或某些方面,存在有不适用的方面时,应明确规定不适用的范围。

(3) 标准适用范围不规定参照执行的要求,这一规定同以往的写法有所不同,请予以注意。因为,参照执行本身不能作为法律上的依据,只能为使用者提供某些信息或提示,无法提供法律上的保证。使用者应根据工程建设的实际情况和经验,自行决定是否采用。

(4) 条文说明中亦不能出现参照执行之类的要求。

3.2.4 标准是一个有机的整体,当各章间存在一些共性的原则和要求,且该原则和要求对整个标准都产生约束作用时,应将此共性原则和要求列入"总则"中。

当这类共性的原则和要求的条文较多时,为避免"总则"过于庞大,可单独作为一章,章名采用"基本规定"。

3.4 技术规定

3.4.4~3.4.6 此三条规定了条、款、项的分法。

条是标准的基本单元。标准的技术内容是通过条来展现的,一条应该表达一个具体、完整的规定。条的下层只能是款而不能直接到项。

3.4.7 **2** 条文中的"相关的标准之间应协调一致",是指对现行相关专业领域内尚未确定的技术内容,可作必要的补充;但不宜重复现行标准中已有的规定,不得随意修改其标准内容。当确有需要调整其内容时,应按规定履行审批程序。

3 条文中的"不得阐述制定条文的目的或理由",是指条文只规定应怎么办、必须达到的要求、不得超过什么界限等,不阐述其目的和理由,不回答为什么要这么做,若需说明,可在"条文说明"中解释。

6 条文中的"技术内容表达应准确无误",是指用词必须规范,标准条文不得采用含糊不清的用语,如:一般、应尽量、基本上、及时、大概、大约、大致等。

7 条文中规定"所列公式,应仅给出最后表达式",是因为凡纳入标准的公式应是成熟的、行之有效的,故没有必要给出推导过程。条文中的"对公式符号的解释,可包括简单的参数取值规定",是指除了对该参数的符号进行解释之外,还可对该参数的取值作出规定。

3.4.10 强制性条文依据国务院《建设工程质量管理条例》的有关要求进行编制,是参与公路工程建设活动各方执行工程建设强制性标准和政府对执行情况实施监督的依据。

4 补充部分编写内容与要求

4.2 附录

4.2.1 当标准条文涉及的内容较多且相对独立时,为使条文结构紧凑、层次分明、突出重点,可将该相对独立的内容以附录形式单独列出,以保证阅读理解的连贯性。

4.2.3 附录"必须从标准正文中的条文中引出",是指不得在正文未提及情况下罗列一些引用的文件资料,也不得在附录里边再引入下一级附录。

4.3 用词用语说明

4.3.1~4.3.2 对执行标准严格程度的用词和写法作了规定,应按其格式编写。

应根据技术要求的严格程度,准确使用严格程度用词。除了总则中的"制定标准的目的"、"标准的适用范围"和"术语和符号"外,其余条文中均应有严格程度用词,使标准的执行者明确条文规定的严格程度。

4.3.3~4.3.5 对标准编写中不同层次或不同内容之间的连接用语、引用标准的用语,以及连词的用法等作了规定,应按其格式编写。

5 条文说明编写内容与要求

5.0.4 本条规定了条文说明的编写要求。

1 标准的条文说明是要让标准执行者能准确理解和把握标准条文的本意。特别是针对宏观多意的内容应说明。

2 强制性条文应编写条文说明；必要时，还应说明如不严格执行此条文将引发的严重后果。

3 条文说明不得对标准条文的内容作补充规定或加以引申，以利对正文的准确理解和执行。由于标准条文说明与正文规定不一致而引起的法律纠纷日益增多，标准编制中没有很好地贯彻这一要求是原因之一，应引起充分的注意。

5~6 条文说明中不得以任何形式为有关产品、企业做广告或变相的宣传，不得违背公平、公正的原则。

5.0.5 5 标准修订时，对修改的条文应重新进行说明，并应在说明中对新、旧标准条文进行对比，指出对原标准条文进行修改的必要性和依据。

6 编写方法

6.1 一般规定

6.1.3 在制定强制性条文时，应贯彻"从严、从重、从少"的原则，严格控制数量，强调其重要性、可执行性；同时，由于强制性条文是国务院《建设工程质量管理条例》的配套文件，制修订时还应慎重考虑强制性条文在执行中的严肃性。

6.1.4~6.1.5 1988年12月29日颁发的《中华人民共和国标准化法》第七条规定："国家标准、行业标准分为强制性标准和推荐性标准。保障人体健康，人身、财产安全的标准和法律、行政法规规定强制执行的标准是强制性标准，其他标准是推荐性标准。"

我国现行的工程建设标准体制是强制性与推荐性相结合的标准体制，行业强制性标准重在规定"限值"和"必须达到的要求"等，行业推荐性标准则重在规定"最优值"和"如何做得更好"。

7 编写规则

7.1 一般规定

7.1.2 标准条文首先应采用文字表达，当文字表达不明确、不直观时，才用图表示。图仅起辅助作用。

7.1.3 标准应编排页码。前言、目次的页码应单独编排，当前言和目次仅为一页时，可不编排页码；正文应从第1章起开始编排页码，并应顺序编排。

7.1.4 为方便读者查阅，规定标准从前言开始要加排书眉。书眉有奇数页码书眉和偶数页码书眉之分，要求奇数页码书眉排标准的章名，偶数页码书眉排标准的名称及编号。

4 书眉的字体采用细黑体，清晰而明确。书眉的字号过大将有失美观，字号过小则辨认困难，因此宜采用小五号字。

7.2 编排格式

7.2.2 2 章是标准的分类单元，是标准的第一层次，应有标题。大16开本的章与节靠左顶格书写以及大32开本的章与节居中书写遵循的是目前的惯例。

7.2.3 3 节是标准的分组单元，相当于标准的第二层次，应有标题。

7.2.5 1 关于"款"的编号，争论较大，因为"款"的编号与"章"的编号相同，均是从阿拉伯数字"1"编起，所以有专家建议采用四组数字即"章．节．条．款"编号，但《公路工程标准体系》（JTG A01—2002）发布后颁发的标准，没有采用过四组数字编号，且业内已经认同章和款的编号均从阿拉伯数字"1"起编，故本导则"款"的编号仍采用与"章"的编号相同的原则。

6 注意条与款中程度用词的不同，如果条中用"应"，则款中可以用"应"、"宜"、"可"；如果条中用"宜"或"可"，则款中只能用"宜"或"可"，不能用"应"。

7.2.6 项不得有标题,它是款的细分层次,也是标准层次中的最后一个层次。项的内容可以是也可以不是一个规定。

7.2.7 分项不是层次,仅是几个并列的要素。
这里虽然规定了分项的细分,但在编写中不推荐采用。

7.2.10 可以把附录作为一章对待,其编号用大写英文字母表示,其层次划分和编号方法也与正文基本相同,需要注意的是:
3 附录的编号不得采用"I"、"O"、"X"三个字母,因为容易与数字"1"、"0"以及大写罗马数字"X"相混。
7~8 一个附录的内容中仅有一个表或者一个图时,直接用"表+附录顺序号"表示,不必再加上节、条等编号。例如附录D中只有一个表(图),其编号就为"表(图)D"。

7.2.11 标准的层次及编号、条文排列的格式、标准采用的字体与字号分别由附录G、附录H和附录J规定。需要说明的是:项的排列方式与住房和城乡建设部规定不一致,项采用右边带半括号的阿拉伯数字编号,但左起只空两字,而不是住房和城乡建设部规定的与款的内容对齐排列。

7.3 引用标准

7.3.1 标准可分为国家标准、行业标准、地方标准和企业标准四级,不同级别的标准适用的范围是不同的,原则上是下级标准可以引用上级标准和同级标准,而上级标准不应引用下级标准。
如果标准中的某些内容在国家标准中作了规定但不具体,需要行业标准加以细化,则行业标准的规定不得与国家标准的规定相矛盾。如果某些地方标准或企业标准的内容适用于行业标准,则只能将该具体内容纳入行业标准而不能引用地方标准或企业标准。
建标〔2008〕182号《工程建设标准编写规定》中指出:"被引用的行业标准或地方标准必须是经备案的标准"。考虑到目前的公路工程行业标准及地方标准报备体系还不太完善,故本条暂未要求引用标准的备案条件。

7.3.2 因自然地理条件、技术经济水平、标准文本流通等的影响和不同,不能直接引用国际标准或国外标准,但鼓励借鉴国际或国外标准。因此,应结合我国的具体情况,借鉴国际或国外标准的适宜内容作为标准的条文。

7.3.3 为避免标准之间的重复与矛盾,方便标准资料的收集,减少标准的差错,简化标准的编写，宜引用相关标准而不重复引用标准的相关内容。

7.3.4 对于引用的标准，如果其修订后不再适用于本标准，这时所引用的标准应注明其年号。

7.3.5 对于引用的标准，如果其修订后仍能适用于本标准，就是说，无论被引用标准是否修订，均是指该标准的最新版本，标准名称前加"现行"。这时所引用的标准就不需要注明其年号，而只注明其名称、代号、类别和顺序号即可。

7.3.6 标准条文有强制性和非强制性之分。如果非强制性条文引用了强制性条文，则被引用条文的内容仍为强制性。如果强制性条文引用了其他标准的内容，则被引内容变为强制性，执行该条文时，必须同时执行被引用标准的有关规定。

强制性条文不得引用本标准中非强制性条文的内容，以免将非强制性条文的要求变为强制性。

7.4 表

7.4.2 以前有的标准表号放在表上右边空一字，此次规定表号和表名统一放表上方居中。

7.4.3 同一条文中有多个表时，应采用条号后加表的顺序号，如第7.4.3条有两个表时，其表号应分别为"表7.4.3-1"和"表7.4.3-2"。

7.4.4 表应排在有关条文内容之后，不得出现先见表格后见条文的情况，并尽可能地接排条文内容，不要距条文过远。

7.4.5 表不应使用斜线表头。例如：

不正确的表：

表×.×.× 最大坡长（m）

坡度（%） \ 设计速度（km/h）	120	100	80	60	40	30	20
6			500	600	700	700	800
7					500	500	600
8					300	300	400

正确的表：

表 ×.×.× 最大坡长（m）

坡度（%）	设计速度（km/h）						
	120	100	80	60	40	30	20
6	—	—	500	600	700	700	800
7	—	—	—	—	500	500	600
8	—	—	—	—	300	300	400

7.4.6 对于比较大的表，如果一个页面难以放下，可以做成和合版的形式，即在偶数页和奇数页各放表的一部分，使两个页面组成一张表，但应注意：只是偶—奇组合而不能是奇—偶组合。

7.4.10 条文说明中的表号不以条为编号而以章为编号，这样可以避免检索时有相同表号不同内容的情况出现。

7.5 图

7.5.3 同一条文中有多个图时，应采用条号后加图的顺序号，如第 7.5.3 条有两个图时，其图号应分别为"图 7.5.3-1"和"图 7.5.3-2"。

7.5.7 条文说明中的图号以章为编写顺序，不是和正文一样是以条为编写顺序，这样做就是为了与正文有所区别，避免出现同名图号。

7.6 公式

7.6.6 条文说明中公式的编号由章号和该公式在该章中的顺序号组成，如第 7 章中的第二个公式，就直接用"(7-2)"表示。

7.7 数值

7.7.4 数值的有效位数应全部写出，例如级差为 0.25 的数列，数列中的第一个数均应精确到小数点后第二位，如"1.50、1.75、2.00"，不能写成"1.5、1.75、2"。

7.7.5 数字分节以前有用千分撇","的，在正式出版物上，现在统一用 1/4 个汉字(1/2 个阿拉伯数字) 分开，如：2 748 465.30、3.141 592 65。

7.7.6 如100 000，若已明确其有效位数是三位，则应写成1.00×10^5；若有效位数是一位，则应写成1×10^5。

7.8 计量单位和符号

7.8.2 注意：

（1）组合单位中含有计数单位或没有国际符号的计量时，允许用汉字和单位的国际符号组成的复合单位。例如：元/t、m^2/人、kg/（月·人）等。

（2）万和亿是我国习惯使用的数词，可以与单位符号连用。如"万吨公里"、"亿千瓦时"、"亿立方米"，可以写为："万t·km"，"亿kW·h"、"亿m^3"。

7.8.5 当标准条文中列有同一计量单位的一系列数值时，可仅在最末一个数字后写出计量单位的符号，例如：桥涵标准化跨径为 0.75、1.0、1.25、1.5、2.0、2.5、3.0、4.0、5.0、6.0、8.0、10、13、16、20、25、30、40、45、50m。

7.9 汉字及标点符号

7.9.1 此处"国家正式公布实施的简化汉字"指的是1956年公布的《汉字简化方案》和1964年编印的《简化字总表》中的简化字，至于1977年12月20日发表的《第二次汉字简化方案（草案）》，国务院已于1986年6月24日发文予以废止。

7.10 注

7.10.1 图注和表注应分别给出理解或使用图或表中某一部分的附加信息。

图脚注、表脚注应给出理解或使图或表中某一个词和某一个概念的附加信息。

7.10.4～7.10.5 条文的注、表注和图注书写的格式一致，只是书写的位置不同。